AF250617

LETTRE SUR LES ÉLECTIONS

PAR

M. L'ÉVÊQUE D'ORLÉANS

MEMBRE DU SÉNAT

RÉPONSE

A UNE CONSULTATION

SUR LES PROCHAINES ÉLECTIONS LÉGISLATIVES

Mon cher Ami,

Oui, je le pense comme vous, jamais peut-être la France n'eut à accomplir ce grand acte, d'une si souveraine importance, dans des circonstances plus difficiles, et à émettre un vote plus solennel et plus grave.

On le peut dire : jamais plus sérieux devoir ne fut imposé aux citoyens français.

Vous me rappelez ce fait énorme et lamentable, qu'aux élections dernières, celles à qui on doit la Chambre qui vient d'être dissoute, il y a eu *trois millions et plus d'abstentions*; vous me dites que sans ces abstentions prodigieuses, la Chambre eût été toute autre; vous ajoutez que, déserter ainsi son devoir, c'est là véritablement trahir son pays : tout cela est pour moi l'évidence même. Vous ajoutez enfin que vous craignez d'autant plus le retour d'un pareil malheur aux élections prochaines, que les conservateurs ne vous paraissent pas en ce moment aussi fortement unis qu'ils devraient l'être : cela, malheureusement encore est trop vrai. Vous me demandez en conséquence de prendre un moment la parole, comme citoyen français, et membre d'un des premiers corps politiques du pays, et de dire hautement à mes concitoyens, à ceux du moins qui veulent bien entendre ma voix, quel est aujourd'hui le devoir, l'impérieux devoir de VOTER, pour tout Français investi de ce grand droit.

Volontiers, je le ferai, car le moment est suprême, et le devoir de l'heure actuelle évident.

Non que je veuille empiéter sur les droits politiques de personne et rien ordonner ici ; je n'ai pas une telle mission.

Je le sais, les électeurs sont les maîtres de leur vote ; mais leur responsabilité dans leur conscience et devant Dieu n'en est que plus grande, et c'est au nom de cette responsabilité même que j'essaierai de leur parler.

Le devoir impérieux, sacré, manifeste de l'heure présente, je le résume en deux mots : PAS D'ABSTENTION, PAS DE DIVISION.

PAS D'ABSTENTION. A quoi servirait donc l'expérience et les erreurs du passé, si tant d'années plus ou moins malheureuses de vie politique ne nous avaient pas définitivement instruits sur ce droit, qui est en même temps un si grand devoir, VOTER ; quand de nos votes tant d'intérêts suprêmes dépendent : l'honneur, la sécurité publique, l'harmonie entre les pouvoirs ; l'indépendance, le salut du pays, le sort de la société elle-même ; l'avenir de l'autorité et des libertés les plus nécessaires, liberté des âmes, liberté de l'enseignement, liberté de s'associer pour le bien ; la paix de l'Europe et la sécurité du monde, si intéressés toujours aux destinées de la France ; sans parler de ces graves questions sociales, dont le seul programme a de quoi effrayer les plus forts esprits, mais qui, une fois posées, ne permettent plus qu'on les écarte.

Devant de si hauts intérêts, et de telles questions, s'abstenir ;

quand on a le droit de parler et le devoir d'agir, ne répondre ni oui, ni non! ne rien dire, ne rien faire! dans une telle crise, en présence de l'étranger, qui épie nos fautes et nos discordes, prêt à en profiter; en face de la France trop humiliée au dehors, et si menacée au dedans ; à la vue de la Religion attaquée de toutes parts : s'isoler, ne pas agir, professer l'inaction; ne pas même vouloir faire un pas et ouvrir la main pour déposer un bulletin dans une urne ; entraver ainsi et décourager l'énergie des hommes de bien, en vérité, je n'ai là-dessus qu'un mot à dire : ce serait un crime et une folie.

Car enfin, d'une part, les intérêts ne sont-ils pas suprêmes ? Peut-on se faire une illusion quelconque sur les conséquences certaines, immédiates, de la défaite des conservateurs? Si le parti de l'ordre est vaincu aux élections prochaines, rien, humainement parlant, et l'infatuation des gens de bien trompés n'y change rien, rien, n'empêchera notre pauvre France de glisser aux abîmes ?

Et d'autre part, en s'abstenant, empêche-t-on les adversaires de voter ? Non, non, ce ne sont pas eux qui s'abstiennent jamais. En s'abstenant on leur livre le scrutin , c'est-à-dire le pays : voilà tout !

C'est une chose douloureuse, en vérité, et, à mon sens, inexplicable, que de voir cette tiédeur, cette mollesse, cet engourdissement qui trop souvent s'emparent des meilleurs citoyens et paralysent leurs forces. Non, il ne fut jamais rien de plus triste que cet état d'hésitation, d'inertie et de vaines lamentations, où s'endort parfois l'armée du bien, tandis que l'armée du mal est active, alerte, unie, serrée, marchant comme un seul homme.

Elle marchera ainsi aux prochaines élections, comme toujours; nul doute même qu'elle n'essaie cette fois un plus puissant effort pour s'emparer définitivement du pays; n'est-il pas temps que les gens de bien se réveillent et agissent, et arrivent enfin à l'énergie et à la virilité politique ?

Que s'il en est qui pensent, par ce malheureux système d'inaction, réserver l'avenir, comme on l'a dit quelquefois, ah! qu'ils se détrompent, l'avenir, à moins d'un miracle de la Providence, il sera ce que les hommes le feront. Réservez donc aussi l'avenir de vos champs, en vous abstenant d'y rien labourer, d'y rien semer !

Aide-toi, le ciel t'aidera ! Cet adage de la vie privée ne s'applique pas moins à la vie publique. Comment espérez-vous sérieusement vous sauver en vous croisant les bras?

Si l'on tombe à l'eau, il n'est pas sûr, dit un vieux proverbe, qu'on se sauve en nageant, mais il est sûr qu'on se noiera en ne nageant pas. Donc, il faut nager, agir, et voter.

Seriez-vous de ceux qui font ce beau raisonnement : La France ne sera sauvée que quand elle aura été aux abîmes ; laissons-la donc y tomber ! Rien ne saurait exprimer l'horreur que m'inspirerait un tel calcul, s'il était réfléchi. Rien ne peut en dire la stupidité, s'il était inconscient.

Des catastrophes, n'en avons-nous pas eu assez déjà ? Êtes-vous donc la Providence, pour répondre que vous ferez sortir de l'abîme les espérances de l'avenir ?

Si ce qui peut être broyé et périr à jamais dans la tempête révolutionnaire, quand vous l'aurez laissée se déchaîner sur le pays, ne vous épouvante pas, et ne vous met pas au cœur un peu d'énergie au moins pour vous défendre, si vous n'avez plus l'instinct même de la conservation, qu'êtes-vous donc ?

Sachez-le, l'avenir est à ceux qui agissent, et aux causes pour lesquelles on agit. Les vérités ne se défendent pas toutes seules ; elles résistent, elles vivent, elles triomphent par le grand cœur de ceux qui les aiment et les défendent.

Qu'ils s'abstiennent, ceux qui n'auraient ni convictions, ni croyances ; ni une pensée dans l'esprit, ni un principe dans le cœur, ni une espérance dans l'âme.

Mais si vous croyez à quelque chose, à la patrie, à la famille, au foyer paternel, à la Religion, à l'Eglise, à l'autorité, aux libertés légitimes, à l'honneur, qui que vous soyez, agissez en hommes, en Français, en citoyens, en chrétiens.

L'homme loyal, qui rougirait de spéculer sur la violence, ou sur les malheurs de son pays, tient une autre conduite. Saint Paul, qui se vantait d'être citoyen romain, *civis romanus sum*, et qui en exerçait les droits, n'agissait pas de la sorte et ne comptait pas sur le mal pour arriver au bien. *Non faciamus mala ut veniant bona*, disait-il. Me prêter de tels sentiments, ajoutait-il, c'est blasphémer contre moi : *blasphemamur*.

Mais, direz-vous peut-être, que voulez-vous que nous fassions ? que puis-je, moi, simple individu, par mon vote qui ne sera jamais qu'une impuissante unité ?

Ce que vous pouvez, mon cher Ami ? beaucoup ; tout quelquefois. Car il s'agit ici d'une question de majorité, et il peut suffire de quelques voix, même d'une seule, pour faire une majorité. En février 1875, n'est-ce pas UNE SEULE VOIX qui a fait le gouvernement républicain ?

En 1848, quelle fut la majorité qui envoya à la Constituante les plus illustres défenseurs de la Société et de l'Église ? M. de Falloux, une majorité de quatre voix ; une majorité de six voix, M. de Montalembert. Six voix, quatre voix de moins, et ni M. de Montalembert, ni M. de Falloux ne seraient entrés dans nos Assemblées.

Dans un sens contraire, je l'ai dit ailleurs et il ne le faut jamais oublier, les plus grands démagogues de la Convention et de la Commune de Paris, les Pétion, les Danton, les Chaumette, les Hébert, ces hommes qui ont ensanglanté la France, à qui durent-ils leur élection et leur fatale influence ? A de très-faibles minorités. Mais ces minorités, grâce à l'inaction des honnêtes gens, devinrent des majorités toutes puissantes.

Sur 80,000 électeurs inscrits, Pétion fut nommé Maire de Paris par 6,600 seulement ; sur le même nombre d'électeurs inscrits, Danton fut nommé substitut du procureur-syndic de la commune par 1,662 voix ! Hébert et Chaumette furent élus à la Commune dans leurs fonctions, l'un par 56 voix et l'autre par 53. Et la Convention elle-même ne fut nommée que par 1,500,000 votants. Voilà ce que fit alors la défaillance, et, je dirai le vrai mot, la désertion des honnêtes gens terrifiés.

Et c'est ce qui fait toucher du doigt la fausseté et l'inconséquence d'une telle conduite. Car enfin, il est bien évident que les abstentions déplacent la majorité, et par conséquent contribuent au résultat des élections, non moins que les votes positifs. Une voix de moins à nos candidats, c'est une voix de plus à nos adversaires. De telle sorte que, même lorsque vous vous abstenez, vous agissez, mais en sens inverse de ce que vous voudriez faire ; vous influez sur le résultat définitif, mais contrairement à vos principes, à vos intérêts, à votre conscience ; vous contribuez positivement au triomphe de ceux-là mêmes que vous réprouvez. Qu'aux prochains comices, les honnêtes gens n'agissent pas avec vigueur, et les élections seront inévitablement à la merci des violents, c'est-à-dire du petit nombre, lequel s'emparera alors des destinées du pays.

Les élus, en réalité, ne représenteront pas la France ; mais ils n'en seront pas moins les maîtres. Ils n'en dicteront pas moins leurs volontés à ceux qui se seront abstenus de les nommer, comme à tous les autres.

Où en eussions-nous été, en 1848 et 1849, si ce beau système eût prévalu ! Mais en 1848 et en 1849, on sentit la nécessité de la lutte ; on se remua, on vota, et c'est pour cela qu'on eut ces deux grandes Assemblées, où se virent les plus illustres citoyens, les vraies lumières, la vraie force du pays, en un mot, les hommes qui ont vaincu la démagogie et alors sauvé la France.

Est-il donc si difficile, de faire entendre à tous les électeurs, à ceux des campagnes, comme à ceux des villes, qu'il y va de leurs intérêts les plus chers ; que, certes, il s'agit d'eux tous, quand il s'agit de la France ; et qu'une assemblée qui jetterait le pays dans des voies révolutionnaires, amènerait inévitablement des perturbations qui retentiront jusqu'au sein des moindres villages et des plus humbles foyers? Quelle est la famille, quel est l'individu, quelle est la fortune, qui n'a pas eu à souffrir de la guerre et de l'invasion? Qui serait assez insensé pour se flatter de sauvegarder ses intérêts privés au milieu d'une ruine générale? Qui ne sent qu'après l'anarchie, une nouvelle guerre étrangère serait pour tous le comble des désastres? Certes, personne ici ne peut dire : cela ne me regarde pas! et pour le sentir, il n'est pas nécessaire de croire en Dieu, ni en l'autre vie ; il suffit de croire à celle-ci, à son champ, à sa vigne, à son foyer, à sa femme, à ses enfants, à son pain quotidien, à son pot au feu

Voilà la réalité des choses ; et voilà pourquoi il faut que tous les hommes de bon sens, que tous les honnêtes gens aillent au vote et usent de toute leur influence pour faire voter autour d'eux, pour décider tous les timides, dans les campagnes comme ailleurs, à se rendre au scrutin. Il faut aller les trouver, ces braves gens qui hésitent encore, il faut leur parler, les aider, les encourager, les éclairer sur les hommes et les choses : tel est le grand service que la France demande en ce moment à quiconque a l'intelligence de la situation extrême où nous sommes.

Et ce que je dis là, je le dis à tous les conservateurs, sans acception de partis, s'il était vrai qu'il restât encore en France parmi nous un parti qui ne fût pas la France elle-même.

Mais, vous me permettrez de l'ajouter, je le dis particulièrement aux hommes religieux. Oui, je l'avoue, je me sentirais profondément humilié et indigné, si je voyais les hommes religieux mettre en oubli qu'ils ont une patrie, et qu'ils doivent l'aimer du fond de leurs entrailles, d'un amour prêt à tous les sacrifices, et que c'est surtout quand elle est en péril qu'ils doivent se dévouer pour elle. Et depuis quand la religion a-t-elle étouffé le patriotisme? Comment des chrétiens, des prêtres français, verraient-ils d'un œil indifférent les désastres de la

France ? Je voudrais, au contraire, qu'il demeurât bien démontré, une fois de plus, par ce vivant exemple, que la France n'a pas de meilleurs serviteurs que nous, de plus dévoués, de plus fidèles, en ses bons comme en ses mauvais jours.

Au surplus, la Religion n'est-elle pas intéressée ici autant que la patrie ? Et les hommes que vous enverrez ou que vous laisserez arriver à la puissance politique, n'auront-ils pas à résoudre les questions d'où dépend l'avenir de la Religion en France, non moins que le salut de la Société ?

Et d'ailleurs, les représailles contre la Religion sont annoncées d'avance : la liberté d'enseignement, le budget, c'est-à-dire l'existence matérille de tout le clergé, les ordres religieux sont sûrs d'être renversés. Bien aveugle qui ne le voit pas; bien coupable qui ne veut pas le voir !

Resterait une dernière question : pour qui voter ? Je réponds : c'est ici pour chaque électeur, une question de conscience et de confiance : une question personnelle. Chacun doit se consulter ici lui-même, et éclairer son libre jugement de toutes les plus sûres lumières. Autant j'ai parlé nettement, péremptoirement, sur la nécessité du vote et de la lutte électorale, parce que les intérêts supérieurs de la Religion et du Patriotisme y sont engagés, autant je refuse de m'expliquer sur la question de personnes.

Donc pas d'abstentions : Mais, surtout, ah ! surtout, j'en conjure les hommes d'ordre :

Pas de divisions !

La question est nette et claire : ce qui est en cause, ce n'est pas la Constitution, loyalement gardée par le noble et vaillant soldat qui est le Chef de l'État; ce n'est pas la forme du gouvernement, garantie, dans les limites posées par la Constitution elle-même; ce qui est en cause, c'est la Société, menacée par les progrès de la démagogie, et par la complicité des honnêtes gens abusés, devenus les alliés des démagogues, en attendant qu'ils soient leurs victimes.

Puissent donc les vrais conservateurs ouvrir enfin les yeux, se grouper tous, pour le scrutin, sans acception aucune de parti, et répondre unanimement au loyal appel qui est fait en ce moment à leur conscience et à leur patriotisme !

Non, parmi les conservateurs, pas de coteries ! Pas de listes se combattant l'une l'autre ! C'est là, toujours, une faute capitale ; car c'est toujours à la faveur de cette division que la candidature adverse passe entre les deux.

Quel remords pèsera sur la conscience du candidat ambitieux, qui sera venu se jeter en tiers à la traverse d'une candidature conservatrice sérieuse, et qui, par cette malheureuse compétition, divisant et partageant les voix, aura fait passer l'adversaire ?

Sans doute, ici, les partis sont obligés de se faire des concessions ; mais, pour Dieu ! ne regardons pas les partis ; ne regardons que la France. Qui que nous soyons, à l'heure présente, il est évident que nous ne devons plus avoir dans le cœur qu'un seul sentiment, sur les lèvres qu'un seul cri : sauver la France !

Réunissez donc vos voix sur un seul candidat. C'est absolument nécessaire.

Et vous, candidat inopportun, ayez la conscience et le patriotisme de vous retirer.

Que deux candidats, représentant tel ou tel parti, ne craignent pas, au besoin, par une commune abnégation, de céder la place à un autre, ayant plus de chances qu'eux, pourvu que celui-ci donne à tous, sur les grands intérêts de la société et de la Religion, les garanties nécessaires.

Qu'à la dernière heure au moins une conciliation intervienne !

Un contre un, c'est la condition du succès.

Et vous, hommes d'ordre, sans acception aucune de parti, je le répète, nommez des hommes sûrs; des hommes d'un grand esprit, s'il se peut; d'un cœur dévoué, d'un noble caractère; au moins, des hommes d'une invincible honnêteté; courageux, désintéressés; sachant et osant dire la vérité; ne reculant pas, au besoin, devant une impopularité glorieuse.

Et de tels hommes, je ne crains pas de le dire, prenez-les, non pas seulement parmi vos amis, mais partout où ils sont; car c'est l'heure plus que jamais, je ne saurais trop le répéter, d'oublier les dissentiments, de chercher non ce qui sépare, mais ce qui rapproche.

Essayez de constituer un grand parti vraiment national, qui soit le parti de l'ordre, de la vraie liberté, du vrai progrès. Vous tous qui vous sentez capables et qui êtes dignes de le former, ce grand parti, ou, pour mieux dire, ce faisceau de tous les éléments honnêtes, de toutes les forces vives du pays, voyez-vous les uns les autres. Se tenir à l'écart, se croire d'autant plus fort qu'on demeure plus isolé, ne serait digne ni du sens commun, ni du patriotisme. Expliquez-vous donc ensemble, sincèrement, loyalement, comme des gens qui en définitive ne cherchent qu'une chose, le bien du pays. Ma vie déjà longue et jetée au milieu de bien des affaires, m'a appris qu'il est toujours bon de traiter avec ses semblables; que se voir, s'expliquer, s'entendre, est toujours utile; que les hommes, vus de près, sont bien souvent meilleurs qu'on ne les croyait à distance.

Oh! qu'il serait nécessaire que tous les bons citoyens comprissent enfin ces choses, et que, s'élevant au-dessus des questions secondaires et des mesquines ambitions, ils s'unissent dans une grande inspiration de dévouement à la France, pour arracher notre patrie aux abîmes où elle peut sombrer, lui donner enfin un gouvernement fort et incontesté, la constituer dans l'ordre, par le respect des principes et de tous les droits;

et afin qu'elle ne soit pas l'éternel jouet des révolutions, concilier l'autorité et la liberté, ces deux grandes puissances ; harmoniser les conditions éternelles de la société avec les aspirations légitimes et les besoins des générations nouvelles, et remettre enfin notre pays dans des voies où il puisse retrouver son antique grandeur.

L'heure est décisive ; car pour la France en ce moment, devant l'Europe et devant le monde, il s'agit d'être ou de n'être plus la France.

Et puisque, conjurant mes concitoyens, je leur ai crié à ce moment suprême, du fond de mon âme et conscience, PAS DE DIVISION !

Je leur redirai, en finissant cet entretien de ma loyauté avec la leur, les grandes sentences de l'Evangile contre les royaumes, les cités, et les familles, où la division vient à prévaloir :

« Tout royaume divisé contre lui-même, dit Jésus-Christ, sera « livré à la désolation. » OMNE REGNUM DIVISUM CONTRA SE, DESOLABITUR (1).

« Toute cité divisée avec elle-même, périra. » OMNIS CIVITAS, DIVISA CONTRA SE, NON STABIT (2).

« Toute maison, où règne la division, tombera et s'écroulera sur elle-même. » DOMUS DIVISA SUPRA DOMUM CADET (3).

Et voilà pourquoi, parmi les crimes que le Seigneur hait ici-bas, il en est un dont les saintes Écritures nous disent que son Esprit le DÉTESTE, c'est le crime de ceux qui sèment la division parmi leurs frères :

Sex sunt, quæ odit Dominus, et septimum detestatur anima ejus...

Detestatur eum, qui seminat inter fratres discordias (4).

(1) Math. XII, 25.
(2) *Id.*
(3) Luc, XI, 17.
(4) Proverb., VI, 16, 19.

Certes, quiconque, après de tels anathèmes, s'obstinerait à semer et à fomenter les divisions, serait vraiment digne des malédictions de Dieu et des hommes.

Mais non, j'ai de meilleures espérances des hommes d'ordre, des honnêtes gens, de tous les partis conservateurs, et je redis volontiers encore avec saint Paul : *Spero meliora, et viciniora saluti.*

Croyez, mon cher Ami, à mes plus dévoués sentiments en N.-S.

† FÉLIX, *Évêque d'Orléans.*

Orléans, le 22 septembre 1877.

Orléans. — Imp. Ernest Colas.